語録

道と徳、乱世を生き抜く知恵

田岡 將好

序

若い時に書物をたくさん読み、
参考になる考え方を心に刻んだ。

論語、孟子、大学、中庸《ちゅうよう》
易経、詩経、書経、礼記、春秋経
老子、荘子、韓非子

それらを学友に試し、
日常で行い、
実践で検証し、
使えるものだけを残した。

さらに時おり書物を読み重ね、
自己問答を繰り返した。

伝習録、菜根譚、史記、
六韜、三略、三国志、孫子、呉子
白隠禅師、佐藤一斎、
新渡戸稲造、松下幸之助、安岡正篤

それを事業で実践し、世間で実証した。

人の話を聞いたり、道を求める者と問答もした。

仏教、道教、キリスト教
学者、政治家、ボランティア活動家、企業家、

そして合点のいくものだけを心に留めた。

それを何年も何年も繰り返し、

歳をとり、熟成し、発酵した後
自分の考えとしてまとまっていき、
自分自身の表現となり、
もう出典も判らなくなったものもある。
今私は、それらを自分の言葉として
書き残そうとしている。

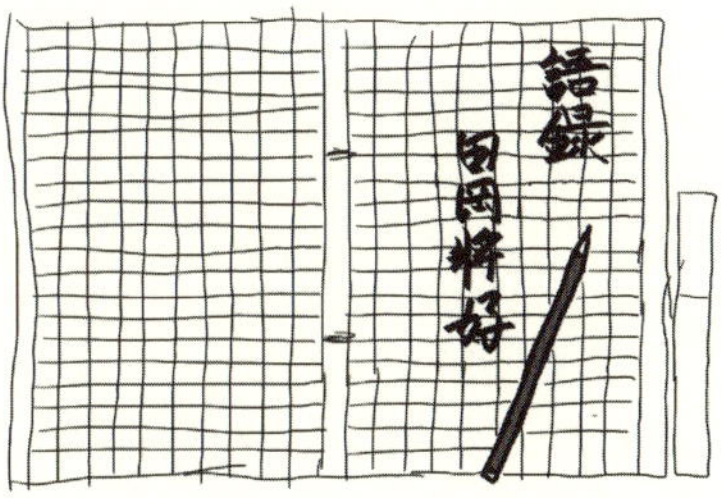

田岡語録　もくじ

1　生きるということ

人が評価しても、しなくても、私は生きている。
人が見ていても、見ていなくても、私は生きている。
綺麗だと言われようが、汚いと言われようが、生きている。
私はずっと以前から、この場所で、自分なりのやり方で
精一杯生きてきた。
それは私の個性であり本能だ。

これからも、このままここで生きてゆく。
何の迷いも無い。

2　人間っぽく生きる

―仁―

優しさ、思いやりをもって接する相手が、
一人でもいる人は、人間っぽく生きている。
もっと多くの人に優しさ、思いやりを向けている人は、
より人間らしい、素晴らしい生き方をしていると思う。

優しさ、思いやりは人間の本能だから、
本能に基づいた行動をしているなら、
きっと幸せなはずだ。

3 正しく生きる ―義―

人のためになることを行う。
多くの人に喜んでもらうことを行う。
世の中の役に立つことを行う。

世のため人のために働くことは
人間の本能なので、必ず楽しい。

4 楽に生きる

－礼－

優しさ、思いやりの気持ちが有って、
それを具体的に表現することが上手な人は
味方を作る。敵を作らない。

あいさつする。おじぎをする。話を聴く。
褒める。贈り物をする。もてなす。

味方を作り、敵を作らなければ生きるのが楽になる。

5　賢く生きる

－智－

自然現象は神のみが知る。
しかし、社会現象は全て、人の心が創っている。

円高になるのか、それとも円安になるのか。
仕事が増えるのか、それとも減るのか。
会社が儲かるのか、それとも倒産するのか。
景気が良くなるのか、それとも悪くなるのか。
平和になるのか、それとも戦争になるのか。
全ては人の心が決める。

だから人の心をよく洞察して分析できる人は、
これからどうなるのか予測ができる。
予測ができれば、先手が打てる。

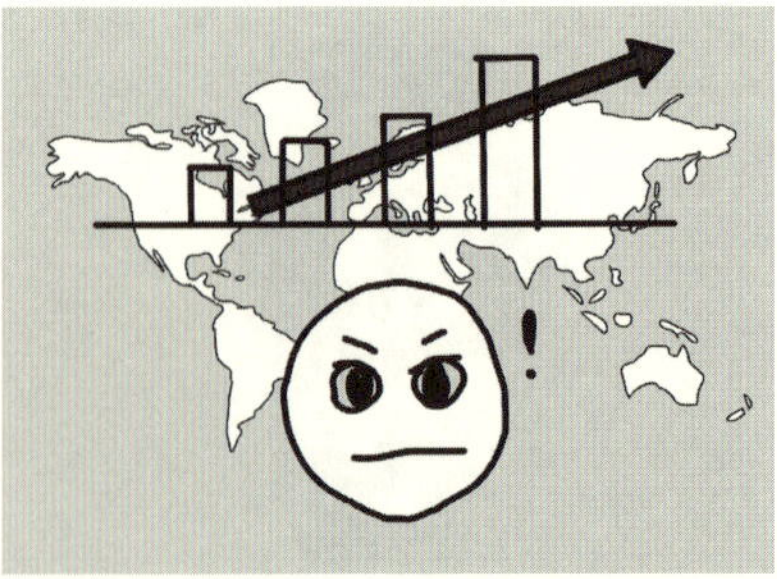

6　真の仲間を作る

―信―

現代人はあまり人を信じない。

そもそも人はどんな人を信じるのかというと、
自分を信じてくれる人を信じるのだ。
優秀な人を信じるのではない。
社会的地位の高い人を信じるのではない。
金持ちを信じるのではない。

多くの人は自分の母親を信じているが、
それは、母親が我が子を信じているからだ。
どうして我が子を信じているかというと、
我が子だからだ。他に理由は無い。

誰かに自分を信じてもらいたいと願うなら、
まず自分自身が相手を心から信じなければならない。
信じるのに理由は必要ない。ただ信じればいい。

ところが、現代人は人を信じないのに
人からは信じてもらいたいと願う。

7　有事にあっては

有事にあっては、
無考えに他人に追従してはならない。
他人と行動を共にすれば、他人と共に死ぬ可能性が高い。
一瞬頭が真っ白になっても、
自分で自分の行動を考えなければならない。

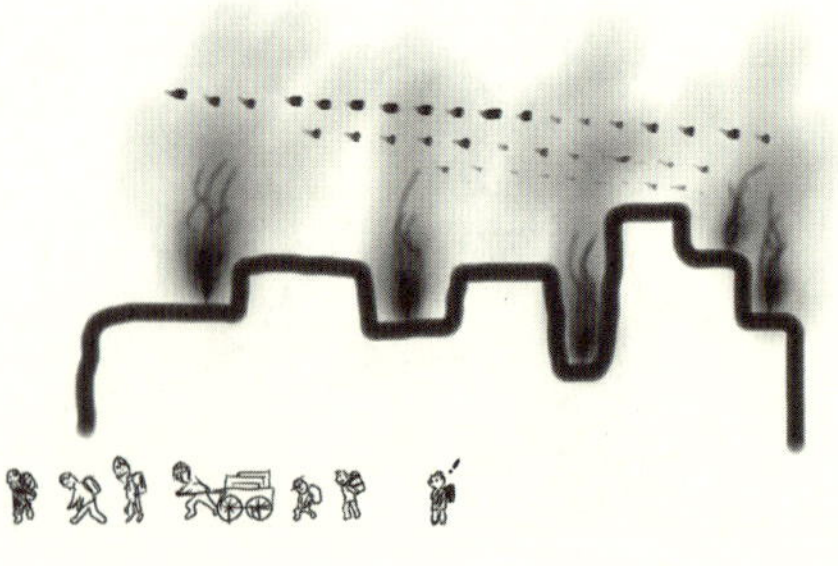

8　人生は短い

好機を待っていたら歳だけとる。
何かやりたいことがあれば、
すぐにやったほうがいい。
人生は意外と短い。

9　理詰めで勝っても

理詰めで議論に勝っても後悔するから、
理詰めはやめたほうがいい。

もし心に余裕があるなら、
相手に逃げ道を与えるか、
むしろ相手に勝ちを譲ったほうがいい。

10 人を悪く言いたくなったら

人を悪く言いたくなったら、
言葉を飲み込んだ方がいい。
人を悪く言うと、　必ず後悔する。

11 自慢する人は

うまくいっていることを、
ことさら大袈裟に自慢する人は、
何かうまくいっていないものを
抱えていることが多い。

12 人間の一生

銀河の歴史に比べれば、
人間の歴史なんて短いものだ。
ましてや一人の人間の一生なんて
露ほどのものだ。

だからこそ、何か価値のある事を
やらなければならない。

13 自由になる

非難することを一切やめる。
他人も、社会も、そして自分自身も非難しない。
非難することが、いかにエネルギーの
無駄使いかということを知ると、自由になる。

他人の評価を気にしない。
他人の評価を気にすることが、
いかにエネルギーの無駄使いかということを
知ると自由になる。

14

気が楽になる

自分の価値観を、他人に理解してもらおうとしない。
自分のものの考え方を
他人に納得させたいという欲求を放棄する。
自分の価値観も、ものの考え方も、
もとは誰かから聞いたことや、
本で読んだことだ。

自論、自説に固執しない。
他人が異説を唱えたら受け入れる。

そうすると自分を守ろうとするエネルギーが減少して
気が楽になる。

15 批判からは何も生まれない

批判から入ってはならない。
批判からは何も生まれない。
生まれるとすれば、憎しみだけだ。

16 運のいい人になる

運のいい人になるには、
「自分は運がいい」と言うことだ。
「自分は運がいい」と言う人だけが、運がいい。
「自分は運が悪い」と言う人だけが、運が悪い。

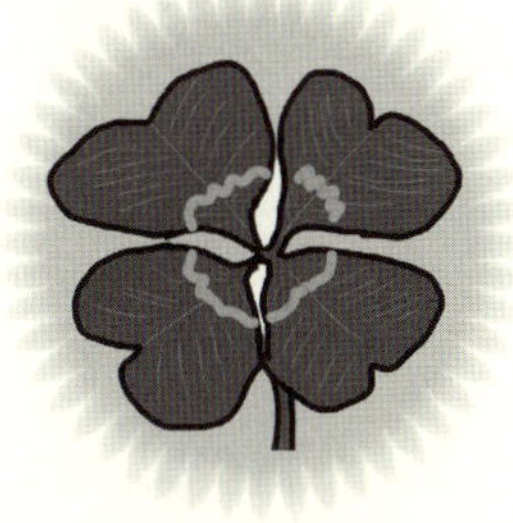

17 慢心を断つ

人は、得意分野で成功もするが、
人は、得意分野で自滅もする。

車の運転が得意な人ほど
交通事故を起こす。

人前で話すのが得意な人ほど
失言する。

成功するには、
得意分野を伸ばしつつ、
慢心を断たなければならない。

18 無理に付き合わなくてもいい

自分なら、
絶対にそんなことはしないだろう、
決してそんなことはできないだろう、
と思うことを相手からされたら、
その人とは、もう無理に付き合わなくてもいい。

19 嘘をつかない

嘘をつけば、
もっと嘘をつかなければならなくなる。

どこかで、「今までの話は嘘でした」と正直に言い、
そのあとは嘘をつかないようにしたほうが、
よっぽど楽だ。

20 金が有るふりをしない

金が有る人は、金が有るふりをしない。
金が無い人が、金が有るふりをする。

21 解決策は出てくる

ダメだ、絶体絶命だ、
八方ふさがりだと思っても、
よく考えれば
必ず解決策は出てくるものだ。

22 心が整理されて落ち着く

何かの原因で、寂しかったり、
心が折れそうになったり、
苦しくて苦しくて、どうしていいのか判らない時は、
親しい友人に話すと気が楽になる。

話す相手がいなかったり、
悩みなどを人に言えない性格や立場の人は、
日記やノートなどに書くといい。

思いを書いていているうちに、
心が整理されて、少し落ち着くことがある。

23 いやな奴がいたら

もし、いやな奴がいたら、
離れて放っておく。

その人が本当にいやな奴なら、
他の人にとっても、いやな奴のはずだ。
それなら、いつかきっと、
誰かが懲らしめてくれるだろう。

自分が手を出すのは割に合わない。
刃傷沙汰にでもなれば失うものが多すぎる。

もしかしたら、自分にとってはいやな奴でも、
他の人にとっては、いやな奴ではないのかもしれない。

その人が本当にいやな奴なのか、
そうでないのかの判断は
世間に任せたほうがいい。

24 空の上から地上を見る

飛行機に乗ったり、山に登って
空の上から地上を見ると、
人間社会の細々とした事柄が
すごくちっぽけなものに感じる。
細かいことで悩んでいる自分の存在も
すごくちっぽけなものに感じる。

たまには飛行機に乗ったり山に登って
下界を見下ろしたらいい。

25 力が湧いてくる

山に登ると自然の厳しさと優しさを感じる。
海に潜ると生命の起源と躍動を感じる。
人間は、たまに山や川や海や湖に出かけて、
自然に親しんだ方がいい。
自分も自然の一部であることを思い出したら、
きっと底知れぬ力が湧いてくるはずだ。

26 理念に集まる

利益に集まる人は、苦しくなると退散する。
理念に集まる人は、苦しくなると協力する。

27 世のため人のため

企業でも、団体でも、
人を率いるリーダーには、
崇高な理念が必要だ。

人は誰でも、
世のため人のために働く事には
本能的に喜びを感じ、精を出す。

28 お陰さま

お陰さま。
陰があるから陽がある。
陽があるから陰がある。

月（陰）は太陽の光（陽）に照らされて輝くが、
太陽の光（陽）は月（陰）が無ければ、
その存在すらも無いに等しい。

夜空を見上げると、月の周囲の外は暗黒だ。
本当は暗黒の空間にも太陽の光は通過しているのだが、
宇宙空間には照らすものが無いので光が見えないのだ。
光は照らすものが無ければ、見えないのだ。

陽は陰が無ければ、成り立たないのだ。

お陰さま。
陰があるから、陽は照らすことができる。
陽があるから、陰は輝いていられる。

森羅万象、陰陽の組み合わせで万物を成す。
陰と陽、どちらが上でも下でもない。

人間は、時と場合に応じて
陰の役割も陽の役割も演じる事ができる。
それによって人間関係が成り立つ。
お互いさまだ。

29 己を知る

人を知る者は智なり、己を知る者は明なり。
老子の言葉だ。

この世の社会現象は、
全て、人の心が決めている。
だから、人の心が分かると、
世の中の現象が分かり、今後の予測もできる。
世の中の現象が分かり、予測もできるのは
まさに「智」の能力だ。

しかし、人は自分の事が一番分からない。

自分は、何の為に生まれてきたのか。

自分が生きている事に、どのような意味があるのか。
自分は、本当は何をしたいのか。
何一つ答えられない。

己が分かるのは、「明」の能力である。
「明」の能力とは、
社会現象のみならず、自然現象も含め、
森羅万象、この世とあの世の
全ての現象と仕組みが分かり、
現在、過去、未来を見通す力である。

たしかに自分の存在の意味が分かれば、
自然の仕組み、すなわち「神の意思」を理解し、
全てを見通すことになるのかもしれない。

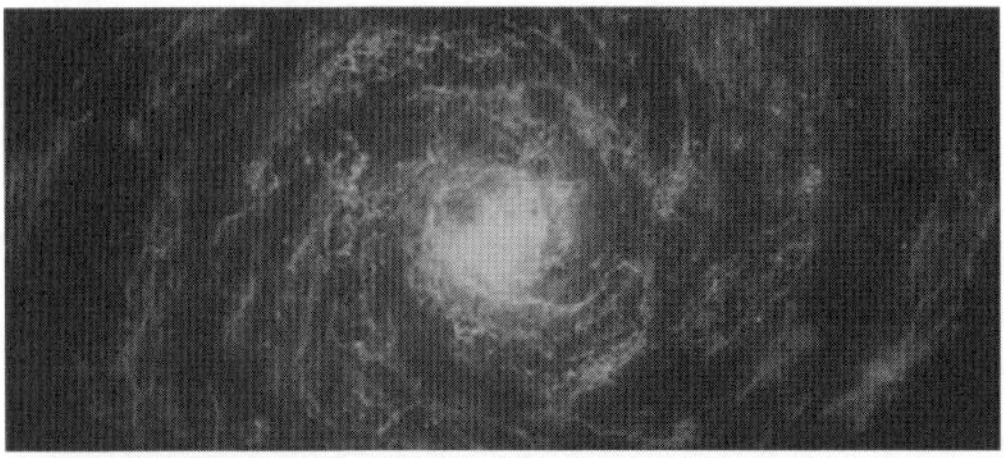

30 文書を残す意味

孟子は、本人が生きていた時代には、
それほど高い評価を得なかった。

しかし、ずっと後の宋の時代になって、
朱熹が孟子の書物を高く評価し、
四書に配したことによって日の目を見る。
その時すでに孟子の死後千五百年近くが経過していた。

そしてその後さらに五百年以上経った現在も、
私を含め多くの者に愛読されている。

一方、本人が生きていた時代に事業で成功し、
高い評価を得て栄華を極めながらも、

長い歴史の中に埋もれていった人物は
数え切れないほど存在する。

文書、絵画、工芸、作品などを
後世に残す意義は計り知れない。

31

孔子の知恵

乱世になると必ず占いが流行る。
やはり乱世だった中国の春秋時代、
孔子は易を推奨し、注釈を書いた。
易は六十四卦、どの節を読んでも
人生訓となる。

庶民が易占いに走り、
占いの出た目によって
六十四卦のどれかでも読めば、
必ず正しい道に導かれる。

熱心に毎日占い、
六十四卦全てをそらんじるほどになれば、
正しい教えが広まり国は治まる。

占いの流行を否定せず、
むしろ利用して民を導いたところに
孔子の妙智がうかがえる。

夢中で遊んでいるうちに仁義道徳、
人生訓を学ぶ子供向けゲームを
誰か作らないものか。

32 とにかく歩く

気が滅入った時、
寂しくて仕方ない時、
落ち込んでいる時、
何もやりたくない時、

とにかく外に出て歩いてみよう。
歩けばどうにかなる。

33 夢中になれる

何でもいいから、何か一つでも
夢中になれるものを持っている人は
幸せ者だ。

34 ダイヤモンドの原石

ダイヤモンドの原石を見ても、
それがダイヤモンドの原石だと
判る人はわずかだろう。

ダイヤモンドの原石は
カットされて研磨された、
宝石としてのダイヤモンドとは
見た目が程遠い。

大きなチャンスに遭遇しても、
それがチャンスだと気づく人は
わずかだろう。

現実のチャンスは、
映画や物語に出てくる
ドラマチックなものとは程遠い。

現実のチャンスは、
たいてい最初は
嫌な事、面倒な事に見える。

35 ずるい人

人のことをよく
「あの人はずるい」と言う人は、
言っている本人も
ずるい人である可能性が高い。

自分にもずるさがあるから、
相手のずるさがよく分かる。
ずるさがまったくない人は
相手のずるさに気づかない。

架空投資などの詐欺に遭う人は、
騙されたほうも、

人を出し抜いて
うまく利得を得ようとした可能性が高い。

うまく儲けようと思うから、
うまい話に乗る。
うまく儲ける気の無い人は
詐欺師の手口には乗らない。

36 本当のプライド

本当のプライドが高い人は、
全ての責任を自分が取ろうとする。
見せかけのプライドが高い人は、
全ての責任を他人に押し付けようとする。

37 政治家

何かをするために政治家になる人がもっと必要だ。
政治家になるために何かをする人が多すぎる。

38 お金は貯まる

いくら稼いでも、使えばお金は貯まらない。
稼ぎが少なくても、使わなければお金は貯まる。

39 できばえに食《は》ましむる

どんな仕事でも、
どんな契約内容でも、
全ての人は成果によって報酬を得ている。
成果と報酬が釣り合わなかったら、
どんな仕事でも早晩破綻する。

40 嘘をつく者は臆病者だ

嘘をつく者は臆病者だ。
現代人は怒られるのが怖いから
嘘をつくケースが多い。
そのことに気づかないと、
一生嘘をつくことになる。

41 子供を育てる

子供の学業成績や素行が芳しくないと、
厳しく叱責したくなる。

しかし、子供が大きな病気や怪我もなく、
元気に育ってくれていることを思えば、
ただそれだけで充分幸せなのだ。

親は優しさと厳しさの中庸《ちゅうよう》を保つことが肝心だ。

42「やさしさ」と「きびしさ」

「やさしさ」と「あまさ」は似て非なるものである。
「きびしさ」と「つめたさ」も似て非なるものである。

むしろ、「やさしさ」と「きびしさ」が近い。
「やさしさ」と「きびしさ」は反対ではない。
両者はいずれも愛情の発露であり、
両者を併せ持つことはできる。
現に親は子に「やさしさ」と「きびしさ」の両方を発揮する。

一方、「あまさ」と「つめたさ」は、両方とも
無責任、無愛情、表面的な繕い、事なかれ主義の
発露であり、根底は等しい。

家庭も企業も国家も、
「やさしさ」と「きびしさ」を併せ持つ人が
いなければ必ず崩壊する。

ところが、人は不思議と
甘くて冷たい、まるでアイスクリームのような人に
心惹かれるところがあるので注意が必要だ。

43 諦めが肝心

諦めが肝心である。

仏教で言う「諦め」とは、
「途中で投げ出すこと」ではない。
「諦め」とは、「明らかに見ること」、
「事実を明らかに見極めること」だ。

人の悩みのほとんどは、対人の悩みである。
「あの人は、どうしてああなんだろう」と悩む。
「もっと、こうしてくれればいいのに」と悩む。
でも、どんなに悩んでも相手は変わらない。

「あの人はああいう人なんだ」と
現実を明らかに見極めて、受け入れれば、
悩んでも仕方が無いことに気づく。
そして付き合い方が判る。

思い通りにならないことがあっても、
それを現実として
明らかに見ることができれば、
必ず道は開ける。

44 人はいつか必ず死ぬ

この世でひとつだけ
確実なことがあるとすれば、
それは、人は誰でも
いつかは必ず死ぬということだ。

仏陀は、生・老・病・死の四苦を挙げた。

これらはすべて
私たちに課せられた修行だと思う。

人はいつか必ず死ぬ。
その時に覚悟ができず
うろたえることが無いよう、

事前にいろいろな経験をさせて
精神を鍛えているのだと思う。
病気も、思うようにならないことも
すべて、ありがたい修行なのかもしれない。

45 風邪は苦行

人の幸福感は相対的なものである。
相対とは、何かと比較して測ることだ。

自分が幸せかどうかは、
何かと比較してしか判らない。
過去と比較するか、他人と比較するかだ。

絶対的な幸福感が
仏教の目指すところだが、
そこまでたどり着く者はなかなかいない。

だから幸福感を得るためには
相対的な幸福を体験するしかない。

三日も食べなかったら、
普通に食べることのできる幸せを感じるが、
毎日普通に食べていたら、
食べることの幸せすら感じられない。
食べることの幸せを感じたいなら
時折、断食したほうがいい。

板の間に一日中正座させられたら、
椅子に腰掛けることがいかに幸せか分かる。
日常生活の幸せを感じたいなら、
時折、拘束された苦しい修行をしたほうがいい。

行脚の旅でも、登山でも、野宿でもいい。
不便で辛い体験なら何でもいい。

人は時折、計画的に苦行をすることで、
大きな幸せを感じることができるのだが、
自ら苦行を実行できない人もいる。
そういう人のために
天が用意してくれたのが風邪だ。

誰でも風邪をひけば、
日ごろの健康がいかに幸せだったか
身にしみて感じる。

46 因縁果報

仏教では、すべての原因（因）は
自分の心の中にあると説いている。
「原因我に有り」だ。

一方、人は他人との出会い（縁）によって
他人にすくい上げられチャンスを掴むとある。
「何事も縁」だ。

どんなに自分がしっかりしていても
他人との良い出会いが無ければ良い結果は出ない。
逆に、どんなにふさわしい人と出会っても、
自分がしっかりしていなければ良い結果は出ない。
「因縁そろって果を成す」だ。

良い心構え（因）と良い出会い（縁）さえあれば、
自ずと良い結果（果）が生まれ、
それにより達成感、業績や地位、報酬といった
良い報い（報）が手に入る。

因縁果報の法則と言う。
略して因果の法則とも言う。

「果報は寝て待て」とは、
因と縁さえしっかり準備しておけば、
果報は寝ていても
自ずと手に入ると言う意味である。
何もしないで寝ていれば良いことがある
という意味ではない。

「人事を尽くして天命を待つ」も似た言葉だ。
私たちができるのは、
良い因縁を作ること（人事）のみ、
果報がいつ訪れるかは天命に任せるしかない。

47 うつ病の人が増えている

うつ病の人が増えている。
うつによる自殺者も増えている。
不安障害・統合失調症なども増えている。
それらを原因とした刃傷沙汰も増えている。

まじめなのもいいけれど、
追い詰められる前に、
心境をがらっと変えたほうがいい。

それには、一人旅がいい。
すぐに旅支度を始めたほうがいい。
誰にも告げずに出発したほうがいい。
連絡は後でもできるから。

一週間も旅に出ると、
心境も環境も全て変わる。
不都合もあるとは思うけど、
死んだり殺したりするよりはいい。

48 良心

どんな人間にも
良心がある。

相当な修行僧も、罪人も
等しく慈悲の心を持っている。

人間は生まれてから長い期間、
自分で食べたり歩いたりできない。
生存に必要な基本的なことは、
全て誰かの世話になって育った。
必ず誰かに守られて育った。

だから、どんな人にも
優しく育まれた遠い記憶が残っており、
それを思い出した時、
その恩を誰かにお返ししようとする本性も
一緒に蘇る。

49 人から受けた恩は

人から受けた恩は
ずっと忘れず、
機会あるごとに返す。
人から受けた屈辱は
きれいさっぱり忘れ、
二度と思い出さない。

50 企業活動

仁義道徳が廃れ、
その責任を学校や家庭に
求める者が多い。

一方、
事業、商売を通じて、
仁（思いやり）に志し、
義（社会貢献）に生き、
道（経営理念）を説き、
徳（人間性）を育てる
企業がある。
そういう企業を私は応援している。

51 お金は汚いか

世の中には、お金が汚いものだと
思っている人がいるが、
それは間違いだ。

お金に固執して汚いことをする人はいる。
でもそれは、その人が汚いのであって、
お金が汚いのではない。

同じように、汚い金持ちもいれば、
綺麗な金持ちもいる。

汚いか綺麗かは、
人となりで決まるものであり、

お金に責任はない。
あまりお金を嫌うと、
お金が入ってこなくなる。

52 お金に左右される人

お金に左右される人になるくらいなら、
お金を左右する人になった方がいい。

53 人生が楽しい

人生が楽しいと言う人は、
その人自身が楽しい人なのだ。

54

ほどほどに

厳しく引き締めることも大事であるが、
ほどほどにしたほうがいい。

人は楽しい人、楽しい所に寄ってくる。

55 簡単で分りやすい

ものごとをよく理解している人の話は、
実に簡単で分りやすい。
話しが複雑で難解なのは、
話している本人が充分に理解していないからだ。
そして、そのことをごまかそうとするからだ。

56 礼の達人

礼の達人は、
礼のことを、とやかく言わない。
作法について
知識をひけらかすようなことは
決してしない。

礼の達人は、
相手の意向を聞いて
ただ穏やかに微笑み、
相手に合わせる。

礼のことなど全く知らない人のように。

57 天が人に与える試練

天が人に与える試練は、
凡人には計り知れない。

悪いことばかり、そうそう長くは
続かないだろうと願っても、
これでもか、これでもかと
悪いことが続くこともある。

しかし、逆境の中にあっても、
修行を積んだ者は、
それを順境と受け止めるので、
運命に翻弄されることはなく、
むしろ人生の糧となる。

58 人に金を貸す時は

人に金を貸す時は、
貸す側が、借りる側の気持ちを考えて、
細心の配慮をしなければならない。
決して、「貸してやってるんだ」という
態度をとってはならない。

人に仕事を出す時は、
出す側が、受ける側の気持ちを考えて、
細心の配慮をしなければならない。
決して、「仕事を出してやってるんだ」という
態度をとってはならない。

人にご馳走する時は、
ご馳走する側が、
ご馳走される側の気持ちを考えて、
細心の配慮をしなければならない。
決して「おごってやっているんだ」という
態度をとってはならない。

59 誉められると嬉しい

人はやっぱり
誉められると嬉しい。
これは歳をとっても
変わらない。

60 参謀

参謀、軍師などの職に就く者の要諦は、
事業の成功のみを主眼において
自分はあくまでも黒子に徹する事である。

自分自身は決して表に出ず、
功労を認められたり、賞賛されることを望まず、
実績、功績は全てトップや担当責任者に譲る。

そして、ひとたび事業が成功したら、
さっと身を引いて、
いつまでも祝杯に酔いしれていてはならない。

61 文句ばかり言う人

同じ目に遭っても、
文句ばかり言う人もいれば、
勉強になったと言う人もいる。

文句ばかり言う人は、
更に嫌なことが続き、
周りの人にも嫌われ、
心が傷付き孤独になる。

勉強になったと言う人は、
全てが良薬になり、
周りの人にも好かれ、
全てがだんだん良くなる。

62 あいつは単純で

「あいつは頭はそれほど良くないが、単純で分かりやすい奴だ」と言われる人になりたい。

「あいつは頭はかなりいいが、何を考えているか分からない奴だ」と言われる人にはなりたくない。

63 人生修行の砥石

毎日、嬉しいことばかりなら
人生修行にも何にもならず、
次第に落ちてゆく。

時々、嫌なことや辛いことがあるからこそ、
人生修行の砥石となり、
豊かな人生を磨いてくれる。

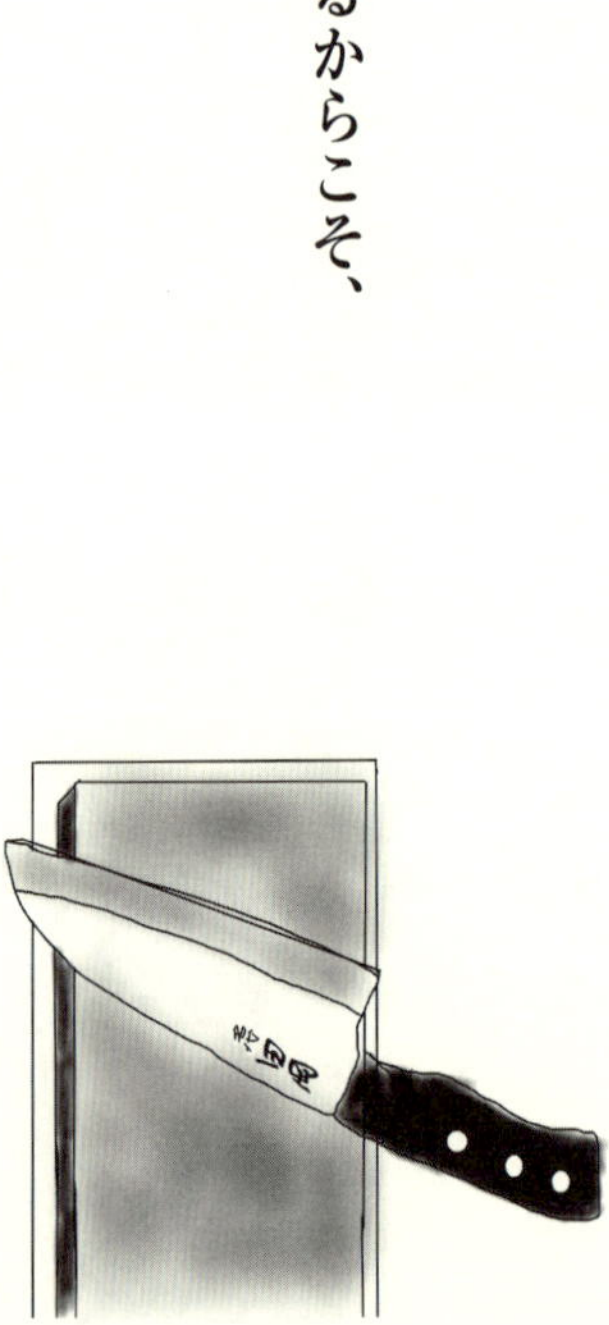

64
正しいことを言っても

いくら正しいことを言っても、
相手に伝わらなかったら、
何の意味もない。

いくら議論に勝っても、
相手が納得しなかったら、
何の意味もない。

相手に伝わったか、
相手が納得したか、　のほうが
よっぽど大事だ。

65 仕事ばかりだと

一生懸命に
仕事をすることは
たしかに素晴らしい。

しかし、仕事ばかりだと
人間の本性を楽しませることができず、
本当に価値のある仕事はできなくなる。

たまには好きなことをやって
楽しんだほうがいい。

66 太陽の光に

人間は時折、
太陽の光にあたった方がいい。

太陽の光が、
悩み、心配、落胆、
寂しさ、焦り、イライラなどを
全て追い払ってくれる。

太陽の光を三十分も浴びて、
その後に美味しいものでも食べれば、
ほとんどの悩みは解決する。

67 仁義を志す者に敵無し

金もうけ志向の者は、
人間尊重（仁）志向の者には
勝てない。

大物志向の者は、
社会貢献（義）志向の者には
勝てない。

ゆえに
仁義を志す者に敵無し。

68 集中力さえあれば

成果を期待するならば、
その事に集中しなければならない。

集中力さえあれば、
たとえ凡人でも、
成し遂げられないものは無い。

69 偉そうな態度をとらない

本当に偉い人は、
偉そうな態度をとらない。
なぜなら、偉そうにしなくても
既に偉いからだ。

一方、偉くない人は
偉そうにしないと、
周りの人が丁重に応対してくれないので
常に偉そうな態度をとらなければならない。

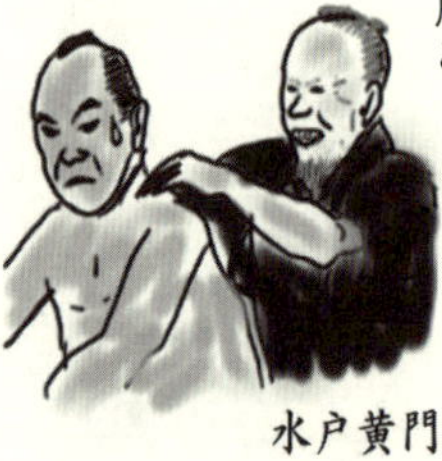
悪代官
私はただの
風呂炊きジジイで
ございます。

70

易簡《いかん》、変易《へんえき》、不易《ふえき》

行く川の流れは絶えずして、
しかももとの水にあらず。

鴨長明は易簡、変易、不易をうたった。

この世の仕組みは簡単で（易簡）、
この世は絶えず変化しており（変易）、
しかも、変わらぬ一定の法則がある（不易）。

71　衣食足りて

「倉廩《そうりん》実《み》ちて礼節《れいせつ》を知り、衣食《いしょく》足《た》りて栄辱《えいじょく》を知る」。
管子の言葉である。

倉の中の米や穀物が豊富になって初めて
人は礼儀や節操というものを知る（思う）事ができ、
衣食が十分足りるようになって初めて
人は栄誉や恥辱の何たるかが分かる。

一家の主は、まず金を稼いで、
家族に、ある程度の生活をさせなければならない。

そうしないと、
どんなに正しいしつけも身に付かず、
どんなに立派な考えも理解されない。

72 勝つことも大事であるが

戦いに勝つことも大事であるが、
それ以前にもっと大事なのは、
敵を作らない事だ。

73 相手を魅了する

一生懸命にしゃべれば、
相手を魅了するかもしれない。
しかし、それよりも、
一生懸命に相手の話を聞いたほうが、
確実に相手を魅了することができる。

74 閻魔《えんま》様の裁判

人間には良心があり、
悪いことをすると必ず後悔する。
特に人を殺《あや》めたり、人を騙したりすると
ひどく後悔する。

たとえ世間にばれなくても、
自分自身は知っている。

世間を騙せても、
自分を騙すことはできない。

閻魔様の裁判とは、本当は、

臨終の時に自分が自分を裁く裁判であるから、
絶対に逃れることはできない。
「天《てん》網《もう》恢《かい》恢《かい》疎《そ》にして漏《も》らさず」とは、このことである。
だから私たちは、
自分の良心がとがめるようなことを
決してしてはならない。

75 初めて東京に行った時

初めて東京に行った時、
ひどく緊張したのを憶えている。
札幌から飛行機で一時間半なのに、
ずいぶん遠くへ来たと思った。
東京の人が、自分とは違う種類の人に見えた。
札幌に戻ってきた時に、
ほっとして、地元の人としゃべりまくった。

初めてニューヨークに行った時、
ひどく緊張したのを憶えている。
東京に戻ってきた時に、
ほっとして、日本人としゃべりまくった。

初めてコロンビアに行った時、
ひどく緊張したのを憶えている。
米国に戻ってきた時に、
ほっとして、英語を話せる人としゃべりまくった。

初めて一人で山にこもった時、
ひどく緊張したのを憶えている。
人が住むところに戻ってきた時に、
ほっとして、誰とでもしゃべりまくった。

人は色々なところに行って
いろいろなことを経験して
世界を広げたほうがいい。

76 ものを大切にする

ものを大切にすることは
それを作った人の
心を大切にすることだから、
人を大切にすることと
同じである。

ものを使い捨てにすることは、
人をも使い捨てにすることにつながる。

77 「自由」を求めるなら

「自由」と「安定」は
なかなか両立しない。
「自由」を求めるなら、
思い切って「安定」を捨てたほうがいい。

多くの人が「安定」だと思っている
職業、立場、資格などは
実はそれほど安定していない。
時代が変われば全てふっ飛ぶものだ。

そんな幻想の「安定」はさっさと捨てて
早く自由になったらどうだ。

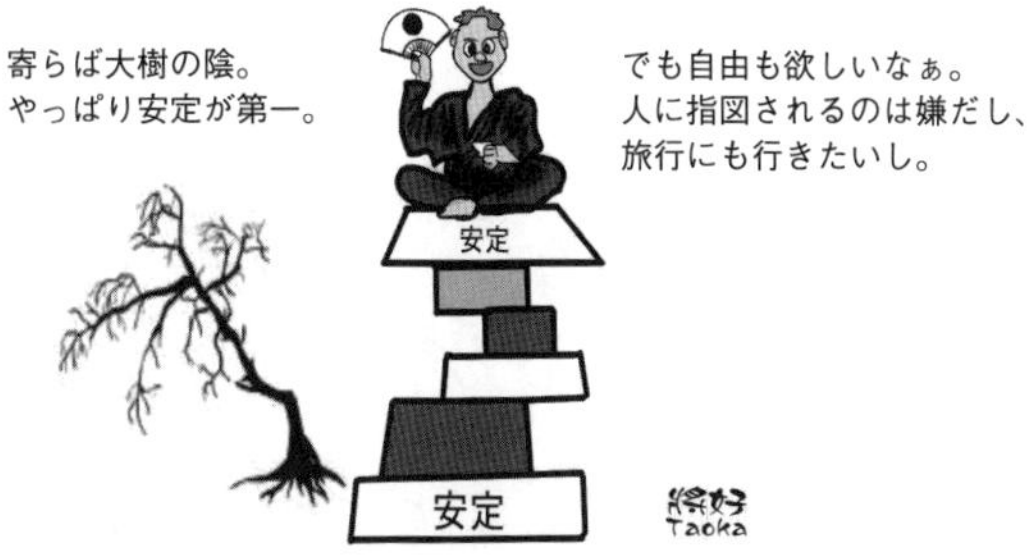
寄らば大樹の陰。
やっぱり安定が第一。
でも自由も欲しいなぁ。
人に指図されるのは嫌だし、
旅行にも行きたいし。
安定
安定
Taoka

78 第三の本能

人間には「食欲」、「性欲」と並んで
「人を助ける本能」、「人の役に立ちたい本能」、
言うなれば「第三の本能」がある。

その昔、孟子が「惻隠《そくいん》の心」と呼び、
王陽明が「良知《りょうち》」と呼んだものである。

仏教では「仏性」、
キリスト教では神（ゴッド）と呼んでいる。

本能だから学ばなくても身についており、
時が来れば、誰でも自然に発揮する。

79「道」という漢字は

「道」という漢字は
シンニュウの上に「首」が乗っている。
シンニュウは馬を意味し、
「首」は頭（耳と目の象形）を意味する。

つまり道とは
「自分の目で見て、自分の耳で聞いて、
方向を定め、一度行く先を決めたら、
たとえ遠い道のりでも馬に乗って進む」
という意味らしい。

辞書にはそのような説明は無い。
中国にて道教の達人から教わった。

本当か嘘か判らないが、
玄奘三蔵《げんじょうさんぞう》を想わせるロマンチックな
話だったので私は信じている。

80 怪力乱心を語らず

孔子は世界三大聖人の一人だが、
釈迦やキリストと違って神秘伝説は無い。
孔子自身が非科学的な話を嫌ったからである。
「子、怪力乱心を語らず」(述而編)

81 人知れずして

求道者は論語に書かれた次の一節を
忘れてはならない。
「人知れずして慍《うら》みず、また君子ならずや。」

長年修行を重ね、ようやく会得した極意を
人に話しても、世俗人には理解してもらえない。
それどころか適当にあしらわれたり、批判される。

相手が分かってくれないからといって
相手を怨んではならない。
昔から道を求める者、帝王学を学ぶ者は
そうしてきた。

82 愚者は経験に学ぶ

「愚者は経験に学ぶ」
自分の経験だけでは世の中は分からない。

「思いて学ばざれば則《すなわ》ち殆《あやう》し」
自分の思い、考えだけでは通用しない。

やっぱり人の話もよく聴いて、
本を読み、勉強しなければ
独善的になってしまう。

83 誰かの為に

自分の買い物は、さっと適当に決めるのに
誰かの為にプレゼントを選ぶ時は、
あれこれ考えて時間をかける。

自分の食べ物は、さっと適当に作るのに
誰かに食べてもらう為に料理をする時は、
美味しくなるように工夫し時間をかける。

「誰かの為に」はエネルギーが沸くし楽しい。

84
念には念を

プロは、念には念を入れる。
必ず事前に調べたり確認したりする。
何回も見直す。
万が一にも失敗が許されないからだ。

念を入れなくとも、失敗しないかもしれない。
失敗は百回に一回くらいかもしれない。

しかし、その一回が大きな失点になることを
プロは知っている。

85 性格の良し悪し

性格に、良いも悪いも無い。
有るのは相性の良し悪しだけだ。
自分を変える必要はまったく無い。
自分が変えたいと思わない限り。

86 大志を抱く

人は大志を抱いたら、
細かいことなど気にしなくなる。
大事を成就するためには、
無駄な時間を排除し、
無益な対立を避け、
一直線に進まなければならないからだ。

人の評価を気にしたり、
人間関係で悩んだり、
人と対立したり、
細かいことにこだわったり、
面子や体裁を気にするのは、
高いレベルの目標が無いからだ。

高い目標を持つ者は、
人を相手にせず、天を相手にする。
目的を達成する意欲の高い者は、
我慢強くなれる。

87 情報や知識

今の世の中、情報はいくらでも有る。
しかし情報がいくら有っても、
正しい思考ができるとは限らない。
大量の情報が、かえって思考を迷わせる。

今の世の中、知識人はいくらでもいる。
しかし知識がいくら有っても、
正しい判断ができるとは限らない。
豊富な知識が、かえって判断を鈍らせる。

正しい思考、正しい判断を行うには
なんといっても知恵が必要だ。
知恵とは、人の心を知ることだ。

88 シンプル

物でもシステムでも組織でも、
シンプルなほうがいい。
シンプルなものは壊れにくく、
たとえ壊れても修復しやすい。

89 適応力

未来を予測することは難しい。
よほどの知恵者でないかぎり、
予測してもたいてい外れる。

だから予測する能力を磨くよりも、
何が起きても生き残れるよう、
不意の環境変化に素早く適応し、
予期せぬ大打撃から
自分と組織を修復する術を学ぶほうが現実的だ。

ダーウィンも進化論の中で、
「生き残るのは、変化に適応できる者だ」
と言っている。

適応力を磨くには
「素直さ」、「受容力」、「無為自然」を
身に付ける必要があり、
そのための教科書としては、古典が最適だ。
優れた古典には、かつての乱世を生き抜いた
先人の知恵が凝縮されている。

今の時代、何が起こるか判らない。
企業の経営者や幹部が
適応力を身に付けるために
古典を学ぶ意義は極めて大きい。

90

熱心な勧め

誰かから、熱心に何かを勧められた場合、
判断の手がかりになることが幾つかある。

一度断っても、しつこく勧誘されるなら、
それは自分の利益のためではなく、
勧誘者の利益のためであることが多い。

極端に高いものなら、
それほど価値の無いものかもしれない。
本当に価値の高いものは
タダか、ものすごく安い場合が多い。

日ごろの付き合いがない人からの勧誘なら、

いざという時に関係を絶ちやすいと
思われたのかもしれない。

相手が駆け引きやテクニックを使うなら、
自分を金か道具としか見てない可能性が高い。

91 孤独を楽しむ

人は時々、孤独を楽しんだほうがいい。

人に依存すると時間を失い、楽しみが減る。
それなのに、さびしいからと、人とベッタリになり、
その結果、人に振り回されて人間関係に疲れる人が多い。

一人だと、最初は少しさびしいが、
すばらしい自由がある。

一人でいることに慣れてくると、
孤独を楽しむことができる。

だから若いうちに孤独に慣れておいたほうがいい。

92 二つの路を同時に選べない

人生は二つの路を同時に選べない。
だから、「もし、あの時、違う路を選んでいたら」と
考えてもしかたない。
この路で良かったんだと思うしかない。

93 悪い人もいる

世の中には悪い人もいる。

悪い人は善人のふりをして声をかけてくる。
悪い人は他人の悪口を言うので分かりやすい。
悪い人は常に誰かを攻撃している。

悪い人は失敗を全て人のせいにし、
悪い人はいつも世の中をこき下ろし、
悪い人は常に何かを自慢する。

悪い人と付き合うと、
必ずいつかは自分が攻撃の対象となる。
エネルギーを全て吸い取られて
ヘトヘトにされる。

相手が悪い人だと気づいたら、
速やかに縁を切ったほうがいい。
縁を切ったら、もう攻撃されない。

悪い人は常に身近にいる人を
攻撃する習性があるので、
こちらが遠ざかれば、
よほどのことが無い限り追ってはこない。

94　天地自然の理

春、山菜を採りに野山へ出かけると、
鮮やかな緑、小川の輝き、うぐいすの声に
心打たれる。

夏、行楽のために海へ出かけると、
どこまでも青い海と青い空の調和に心動く。

秋、紅葉を見に山奥へ出かけると、
こんなに美しい景色が、
この世にあったのかと驚く。

冬、温泉を求め厳寒の山中へ出かけると、
雪の舞う幻想的な水墨画の世界に息をのむ。

このように、天地万物を創る自然の理は
この上なく完璧である。
人の手の加わったものは、
自然には絶対にかなわない。
天地自然の理に従った生き方が
最良である所以だ。

95 生じて有せず

「生じて有せず、長じて宰《さい》せず、
これを玄徳《げんとく》という」
老子の言葉である。
「生むけど所有せず、育てるけど支配しない」
なんと広大深遠《こうだいじんのん》な心根か。
後に劉備も自分の字《あざな》にこれを選んだ。
私もこのような徳を身に付けたいものだ。

96 忙しい、と言う人は

忙しい、忙しい、と言う人は、
取るに足らないことに忙しい。

本当に価値のあることを行う人は、
決して忙しい、とは言わない。

97 諫言《かんげん》は難しい

諫言《かんげん》は難しい。
どうしても目上の人を
諫《いさ》めなければならない時は、
誠意と熱意有るのみ。

心の中に、ほんの少しでも
私欲、慢心、打算、誹謗《ひぼう》、憎しみなどが有れば
聞き入れられない。

98　心配が無くなる

今の状況を受け入れる。
不都合な事も受け入れる。
現実から逃れようとせず、　現実に抗うこともせず、
受け入れ難いことも全て、
成るべくして成ったと思い、
そのまま全て受け入れる。

他人も世間も自分も全て許す。
これでいいのだと思う。
これでこそ、いいのだと思う。

そう思えないなら、これは修行だと思う。
そうすると心配が無くなる。

99 死んで生きる

死んで生きるということがある。

世間は生きている人をあまり尊敬しない。
しかし、その人が死ぬと急に尊敬しだす。

だから、その人が死んだ後に
その人の生前残した言葉が
がぜん生きることがある。

本人が死んでも、
その人の伝えたい言葉・精神は、
むしろ生きるのだ。
仏陀はそのことを知って、永遠の生命を説いた。

100 死を迎える時

聖人は、死んで生きることを知っているから
安らかに死を迎える。
賢人は、修行を積み、覚悟ができているから
慌てずに死を迎える。
凡人は、死を恐れて取り乱し
苦しみながら死を迎える。

感謝（あとがきに代えて）

長年の念願だった出版を、とうとう果たしました。感無量です。

全文を書き終えて思ったことは

「今まで出会った多くの経営者のお陰だなぁ」

「自分は運がいいなぁ」ということです。

あとがきの代わりに、今までお世話になった方々への感謝の気持ちを綴りたいと思います。思いつく順番に書かせて頂きます。

株式会社エースの林博己社長には、とりわけお世話になりました。林社長からお聞きした言葉が、田岡語録の中にもたくさん引用されております。株式会社エースの精神ともいえるエースイズム、林イズムに私は感銘を受け、人生観にも多くの影響を受けました。ありがとうございます。

クリプトン・フューチャー・メディアの伊藤博之社長は、この本の出版が決まり、オビ書きをお願いしたら、二つ返事で了解してくれました。本当に感謝しております。初音ミクを生み出した伊藤社長の感性、経営センスから、私は多くの事を学ばせて頂きました。これからも一緒に、北海道から優れたクリエイターを輩出する活動を続けていきたいと思います。

土屋ホームの土屋公三会長からは多くのことを学ばせて頂きました。約三十年前、私は隆盛を極めた土屋公三社長（現会長）に何のコネも無くテレアポを試みました。土屋社長は多忙の中、四ヵ月後の約束をしてくれました。そして約束通り四ヵ月後に訪問した私を、土屋社長はちゃんと待っていてくれました。「自分も昔は飛び込み営業マンだった」と言って励ましてくれました。それ以来、土屋会長にはいろいろ教えて頂いております。

アークスの横山清社長からは、「損得よりも善悪」の精神を教えて頂きました。上から見る「鳥観」ではなく、下から見る「虫観」の視点も教えて頂きました。「誠心誠意」、「男の生き様」も教えて頂きました。感謝しております。

ニトリの似鳥昭雄社長からは本当の腰の低さを教えて頂きました。格好を付けない男の美学を教えて頂きました。丸裸を「地」で生きる「本物のプライド」の凄さを教えて頂きました。そして何よりも真面目に生きることの強さを教えて頂きました。とてもラッキーな体験をさせて頂きました。感謝しております。

他にも北海道の多くの経営者から、私は学ばせて頂きました。横山製粉の横山敏章社長、はしもとの橋本毅社長、西山製麺の西山隆司社長、三愛グループの大畑範義会長、カナリヤの森吉丈夫社長、北海道日産の原田彦エ門社長。感謝しております。

北海道にはすばらしい経営者がたくさんいます。その人たちに出会えたことに感謝しております。本当にありがとうございます。

最後に本書出版にお骨折り頂いた、エイチエスの斉藤隆幸社長に感謝申し上げます。

二〇一五年四月上旬の吉日

田岡將好

著者

田岡 将好 *Masayoshi Taoka*

略歴

北海道立札幌西高等学校卒業

明治大学商学部産業経営学科卒業

国内メーカー系システムエンジニア(SE)を経て独立

株式会社田岡総研　代表取締役社長

北海道内企業を中心に活動を行う経営コンサルタント
中小企業診断士

創業・ベンチャー国民フォーラムにて
中小企業庁長官賞受賞

ホームページ

http://www.taoka-s.com

【田岡語録 ―道と徳、乱世を生き抜く知恵―】

初刷 ―― 二〇一五年四月二十一日
著者 ―― 田岡將好
発行者 ―― 斉藤隆幸
発行所 ―― エイチエス株式会社 HS Co., LTD.
064-0822
札幌市中央区北2条西20丁目1 - 12佐々木ビル
phone : 011.792.7130 fax : 011.613.3700
e-mail : info@hs-prj.jp URL : www.hs-prj.jp
印刷・製本 ―― 株式会社総北海
乱丁・落丁はお取替えします。

ISBN978-4-903707-57-0